AF208744

WORDS FOR THE ROAD IX
100 short reflections and puns

ORD MED PÅ VEIEN IX
100 korte refleksjoner og ordspill

Other books written by George Manus:

THOUGHTS, English
TANKER, Norwegian

REFLECTIONS I, English
REFLEKSJONER I, Norwegian

REFLECTIONS II, English
REFLEKSJONER II, Norwegian

REFLECTIONS III, English
REFLEKSJONER III, Norwegian

A WOMAN'S MANY MIGRATIONS, English
EN KVINNES MANGE FLYTTINGER, Norwegian

INNOVATIONS AND CREATIONS, English

THE MAX MANUS COMPANIES -70 years in communication, English
MAX MANUS FIRMAENE - 70 år i kommunikasjon, Norwegian

STORIES & THOUGHTS I, English
HISTORIER & TANKER I, Norwegian

WORDS FOR THE ROAD   ORD MED PÅ VEIEN I   English - Norwegian

WORDS FOR THE ROAD   ORD MED PÅ VEIEN II   English - Norwegian

WORDS FOR THE ROAD   ORD MED PÅ VEIEN III   English - Norwegian

WORDS FOR THE ROAD   ORD MED PÅ VEIEN IV   English - Norwegian

WORDS FOR THE ROAD   ORD MED PÅ VEIEN V   English - Norwegian

WORDS FOR THE ROAD   ORD MED PÅ VEIEN VI   English - Norwegian

WORDS FOR THE ROAD   ORD MED PÅ VEIEN VII   English - Norwegian

WORDS FOR THE ROAD   ORD MED PÅ VEIEN VIII   English - Norwegian

WORDS FOR THE ROAD   ORD MED PÅ VEIEN I X   English - Norwegian

WORDS FOR THE ROADI   ORD MED PÅ VEIEN X   English - Norwegian

You are heartedly welcome to quote from this book, re
specting the copyright.

ISBN: 9788743028406

Author: George Manus
Copyright: George Manus
Design and layout: Ole Praud
Illustrations: Laura Hamborg

Print:
Books on Demand, Norderstedt, Germany

Editor:
Books on Demand, Copenhagen, Denmark, www.BoD.dk

e-mail: george.manus@mminnovation no
Homepage: www.george-manus.jimdo.com

Utgave 2.

Preface

With this WORDS FOR THE ROAD IX, the ninth in the series since the first was published in 2018, I have left behind 900 "Short reflections and puns" in both English and Norwegian.

I have dedicated the book to "The Will", (From Stories and Thoughts I), which I see as an important ingredient in reaching a goal. In the reflection "The Will", which you can read from page 14, I write:

"If one is to reach a goal one has set for oneself, of whatever character, the will must be there.)

It's not at all so that if only the will is there one automatically reaches all goals one has set for oneself. The will is only one of the ingredients needed to do so, but maybe the one that at the end of the day is the condition needed to put one's thoughts and meanings forward".

Most of the content in the book was first written in Norwegian and then translated into English, so I ask the reader to be overbearing about the English presentation, which often does not get quite the same rhythm and meaning as the Norwegian.

As in the previous eight WORDS FOR THE ROAD, the table of contents is presented in alphabetical order in both English and Norwegian. In the book the English comes first, with the corresponding Norwegian next to it.

If you feel that you have heard any of them before, I guarantee that it has never been my intention to plagiarize.

I thank Laura Hamburg for the illustrations and my friend Ole Praud for his consultancy work.

The South of Spain
May 2020
George Manus e-mail: george.manus@mminnovation.no

Forord

Med denne ORD MED PÅ VEIEN IX, som er den niende i rekken siden den første ble utgitt i 2018, har jeg lagt bak meg 900 "Korte refleksjoner og ordspill", på både engelsk og norsk.

Boken har jeg dedikert til "Viljen", (Fra Historier og Tanker I), som jeg ser som en viktig ingrediens når det gjelder å nå et mål. I refleksjonen "Viljen", som du kan lese fra side 18, skriver jeg blant annet:

"Skal man nå mål man setter seg, uansett av hvilken karakter, må man ha viljen i orden.

Nå er det slett ikke slik at bare man har viljen i orden så når man alle mål man setter seg. Viljen er bare en av ingrediensene som må til, men kanskje den som til syvende og sist er en betingelse for å drive tanker og meninger fremover".

Det meste av innholdet i boken ble først skrevet på norsk og deretter oversatt til engelsk, så jeg ber leseren være overbærende når det gjelder den engelske presentasjonsformen, som ofte ikke får helt den samme rytmen og meningen som den norske.

Som i de tidligere åtte ORD MED PÅ VEIEN, presenteres innholdsfortegnelsen i alfabetisk rekkefølge både på engelsk og norsk. I boken kommer de engelske først, med de korresponderende norske ved siden av.

Hvis du har følelsen av at du har hørt noen av dem før, garanterer jeg at det aldri har vært min tanke og plagiere.

Jeg takker Laura Hamborg for illustrasjonene og min venn Ole Praud for konsulentarbeidet.

Syd i Spania
Mai 2020
George Manus e-mail: george.manus@mminnovation.no

5

CONTENT

INNHOLD

THE WILL

May 2014

Unlike physical strength, I see the human will as an unbelievably strong resource.

A strong-willed person often gets called that just because he is known for having a strong will. First we must clear away the will related to stubbornness, the one occurring specially in kids and adolescents.

Not that this type of will necessarily disappears because of one has grown up, but for those that applies to there will always be problems.

The will I have in mind is the positive will, the one that makes thoughts and meanings grow to new heights. The will to understand is one of several good examples of the positive will. You may as well call it the ground-breaking will.

If one is to reach a goal one has set for oneself, of whatever character, the will must be there.

It's not at all so that if only the will is there one automatically reaches all the goals one has set for oneself.

The will is only one of the ingredients needed to do so, but maybe the one that at the end of the day is the condition needed to put one's thoughts and meanings forward.

Back to the positive will, the will to understand.

For me it's totally clear that no challenges can be overcome if one doesn't have the will to do so, and if one wants to be able to overcome them, one has to understand both them and those involved.

One's will is a power which, when properly used, is incredibly strong.

People glowing of positive willpower normally have their understanding in order.

But, and that is important, it must be a positive, natural will and not one which is forced.

The will in itself can, in some, be destructive and effacing if seen in conjunction with negativity – negative will.

In this context it is a matter of people with weak willpower, or people with no will. No positivity can come from having weak willpower or being without a will.

I have little experience of how these expressions are used in daily life, but presume that they are quite similar when it comes to performance, although they are of different gravity.

If one has week willpower, the will still plays a role, although minor. If one on the contrary is without will, it means that one is devoid of will. In this case one is badly off for action.

When it comes to will and understanding, the weak-willed person will be poorly off in terms of understanding,

while the ones without any will, are devoid of that prop-
erty.

Anyhow, all this is, of course, just a lot of theory.
How the will is perceived by each one of us in our daily
life, remains something we do not care to dwell on too
often.

There are plenty of other things our brain must cope
with.

THE WILL TO UNDERSTAND
The will to Understand as well as the desire and faith that one will succeed, is a condition for reaching one's goals.
1994

THE WILL IS FUNDAMENTAL
The will to understand is Fundamental. If one's will-power fails for lack of understanding, the result will be halting.
May 2014

VILJEN

Mai 2014

I motsetning til fysisk styrke ser jeg menneskets vilje som en utrolig ressursterk egenskap.

Et viljesterkt menneske får ofte den betegnelsen nettopp fordi vedkommende står for det å ha en sterk vilje.

Man må imidlertid først rydde av veien den viljen som dreier seg om trass eller stahet, den som oftest opptrer i barn og ungdomsalderen.

Ikke det at den forsvinner hos alle som et resultat av at man blir voksen, men for dem det gjelder følger det uansett problemer.

Den viljen jeg først tenker på er den positive viljen, den som driver tanker og meninger fremover mot nye høyder. Viljen til å forstå er en av flere gode eksempler på den positive viljen. Kall det gjerne den banebrytende viljen.

Skal man nå mål man setter seg, uansett av hvilken karakter, må man ha viljen i orden.

Nå er det slett ikke slik at bare man har viljen i orden så når man alle de mål man setter seg.

Viljen er bare en av ingrediensene som må til, men kanskje den som til syvende og sist er en betingelse for å drive tanker og meninger fremover.

Tilbake til en av de positive viljene, viljen til å forstå. For meg står det helt klart at ingen utfordringer kan lø-

18

ses uten at man har vilje til å løse dem, og skal man kunne løse dem må man forstå dem og de som er involvert.

Viljen er en kraft, som riktig utnyttet er utrolig sterk. Mennesker som lyser av positiv viljestyrke har som regel også forståelsen i orden.

Det er slike mennesker som er med på å drive tanker og meninger fremover.

Men, og det er viktig, det må være positiv naturlig vilje, ikke den som er påtvunget.

Viljen i seg selv kan naturlig nok, hos enkelte, være destruktiv og utslettende, hvis den settes i sammenheng med negativitet – negativ vilje.

I denne sammenheng dreier det seg om viljesvake eller viljeløse mennesker. Lite positivt kan komme som et resultat av å være viljesvak eller viljeløs.

Hvordan disse uttrykkene benyttes i det daglige har jeg liten erfaring med. Antar at uttrykkene i og for seg er ganske like når de blir fremført, men at de allikevel har forskjellig tyngde.

Er man viljesvak er i hvert fall viljen tilstede, enn om den ikke er særlig sterk. Er man derimot viljeløs, betyr det at man er blottet for vilje og i så tilfelle ligger man dårlig an til handling.

Når det gjelder vilje og forståelse blir det da slik at den viljesvake vil ligge dårlig an når det gjelder forståelse, mens den viljeløse vil være blottet for den egenskapen.

Nå ja, dette blir det selvfølgelig mye teori av. Hvordan de forskjellige av oss opplever viljen i dagliglivet forblir vel noe vi ikke bryr hjernen for mye med i utide.

Det er nok av andre ting hjernen skal bakse med.

19

VILJE TIL Å FORSTÅ

Viljen til å Forstå samt ønske og tro på at man skal lykkes, er en betingelse for å nå frem.

1994

VILJEN ER FUNDAMENTAL

Viljen til å forstå er fundamental. Er Viljestyrken sviktende fordi forståelsen uteblir, blir resultatet haltende.

Mai 2014

NATURALNESS

Personal Naturalness always shines through if it exists.

Nov. 2019

QUALITY

Obviously, nobody has been granted a patent on Quality, as the designation, by many, is used uncritically in terms of both products and properties.

Nov. 2019

THE BEAR TRIBE

It may not be so strange that the Bear Tribe in Norway is small when you consider how many people sell the skin before the bear is shot.

Nov. 2019

NATURLIGHET
Personlig Naturlighet skinner alltid gjennom, hvis den eksisterer.

Nov. 2019

KVALITET
Selvsagt er det klart at ingen har patent på Kvaliteten, ettersom betegnelsen, av mange, benyttes ukritisk både om produkter og egenskaper.

Nov. 2019

BJØRNESTAMMEN
Det er kanskje ikke så merkelig at Bjørnestammen i Norge er liten, når man tenker på hvor mange det er som selger skinnet før bjørnen er skutt.

Nov. 2019

MODESTY II
No wonder there are so few virtuous left, as it is said that: Modesty is a virtue.

Nov. 2019

LET THE FORCES WORK
The fact that the Forces get to Work is important in many contexts, but they must be regulated in a finely tuned balance between efficiency and abuse.

Nov. 2019

ELECTION
It's a saying that: "Some vote with their brain and other with their hart". This is probably the case in the Spanish Election on November 10. 2019, so we can only blame ourself for getting what we get.

Nov. 2019

BESKJEDENHET II

Ikke underlig at det er så få dydige tilbake, ettersom det sies at: Beskjedenhet er en dyd.

Nov. 2019

LA KREFTENE ARBEIDE

At Kreftene får Arbeide er viktig i mange sammenheng, men de må reguleres i en finstemt balanse mellom effektivitet og misbruk.

Nov. 2019

VALG II

Det er et ordtak som sier: "Noen stemmer med hjernen og andre med hjertet". Dette er sannsynligvis tilfelle i det spanske Valget 10 november 2019, så vi kan bare skylde på oss selv for at vi får det vi får.

Nov. 2019

A PLACE TO LIVE
I definitively did not settle in southern Spain because of the country's politics, but because it's a wonderful Place to Live as a pensioner, despite of its politics.

Nov. 2019

CONSEQUENCES II
The Consequences of giving someone the little finger can be fateful if you don't know them.

Nov. 2019

LACK OF DISCIPLINE
It's disgusting to see the Lack of Discipline in certain areas of Spain. Instead of moving the bones of Franco, they should have resurrected him.

Nov. 2019

ET STED Å LEVE

Jeg valgte bestemt ikke å bosette meg i Syd Spania på grunn av landets politikk, men fordi det er et herlig Sted å Leve som pensjonist, til tross for sin politikk.

Nov. 2019

KONSEKVENSER II

Konsekvensene av å gi noen lillefingeren, kan bli skjebnesvanger hvis man ikke kjenner dem.

Nov. 2019

MANGEL PÅ DISIPLIN

Det er vanskelig å forstå Mangelen på Disiplin i visse områder av Spania. I stedet for å flytte restene av Franco, burde de ha brakt ham til live igjen.

Nov. 2019

Images
Bilder

Laura Hamborg

Exaggeration
Overdrivelse

Laura Hamborg

ADAPTATION AND ACCEPTANCE
The ability to Adapt provides the best basis for Acceptance.

DREAMS
It's all well and good to have Dreams about what one wants to achieve - but only will and effort can lead to their fulfilment.

SOLEMNLY
Imagine how Solemnly we take ourselves. We think we mean something in the big context and that's good for the self-preservation. However, the reality is that each of us is like the ant in an anthill. This doesn't in any way mean that you should not be yourself and appear as the one you are with your values and choices.

Nov. 2019

TILPASNING OG AKSEPTERING

Evnen til Tilpasning gir det beste grunnlag for
Aksept.

DRØMMER

Det er vel og bra med Drømmer om hva man
ønsker å oppnå - men kun vilje og innsats kan
føre deg til Drømmenes fullbyrdelse.

HØYTIDELIG

Tenk hvor Høytidelig vi tar oss selv. Vi tror vi
betyr noe i den store sammenheng, og godt er
det for selvoppholdelsesdriften. Realiteten er
imidlertid at enhver av oss er som mauren i en
maurtue. Det betyr ikke på noen måte at du
ikke skal være deg selv og fremstå som den du er
med dine verdier og valg.

Nov. 2019

TIME III

One competes in milliseconds - without Time, no winners, and if no winners no losers?

April 1994

TIME V

We measure most things in what we get done and what we don't get done. In any case, we blame the Time when we're dissatisfied. It's always Time which is to blame - as if it's responsible for our inability to organize ourselves better.

April 1994

TRAGIC RESULT

Seen with my eyes, the Result of the Spanish election and the coalition established between the PSOE (Labour Party) and PODEMOS (Camouflaged Communist Party): Ruin - Oppression and Republic.

Nov. 2019

TIDEN III

Det konkurreres i millisekunder - uten Tid ingen vinnere, og hvis ingen vinnere heller ingen tapere?

April 1994

TIDEN V

Vi måler det meste i hva vi får gjort og hva vi ikke får gjort. Uansett - vi gir Tiden skylden hvis vi er missfornøyd, det er alltid Tiden som får skylden - som om den kan noe for at vi ikke organiserer oss bedre.

April 1994

TRAGISK RESULTAT

Sett med mine øyne blir Resultatet av det spanske valget og koalisjonen som er opprettet mellom PSOE (Arbeiderpartiet) og PODEMOS (Kamuflert Kommunistparti): Ruin - Undertrykkelse og Republikk.

Nov. 2019

MONEY VALUE

It is better to be financially poor and spiritually rich, than to be financially rich and spiritually poor.

Nov. 2019

HAUGHTINESS AND ARROGANCE

It's said that: Haughtiness goes before a fall, and that's good as it may be a tendency someone has. Having an Arrogant attitude however, is something that one is born with and that one doesn't become free of.

Nov. 2019

POMPOUS II

Feel pity with those who believe that respect rises with their Pompous behaviour. I believe most people's opinion is the opposite.

Nov. 2019

PENGERS VERDI

Det er bedre å være økonomisk fattig og åndelig rik, enn å være økonomisk rik og åndelig fattig.

Nov. 2019

HOVMOT OG ARROGANSE

Det heter at: Hovmod står for fall, og godt er det, ettersom det kan være en tendens noen har. Det å ha en Arrogant holdning er imidlertid etter min mening noe man er født med og som man ikke blir fri for.

Nov. 2019

POMPØS II

Stakkars de som tror at respekten stiger i takt med deres Pompøse opptreden. Jeg tror de flestes oppfatning er det motsatte.

Nov. 2019

OBLITERATION
If all people released their thoughts, and fought for their ideas, the world would soon be Obliterated.

Nov. 2019

DEFINITION I
The Definition of a Definition can certainly be Defined. At an appropriate time I will try to find a Definition.

Nov. 2019

UNSYMPATHETIC - SYMPATHETIC II
Many good qualities are suppressed in an Unsympathetic person - while the good qualities of the Sympathetic are emphasized.

Nov. 201

UTSLETTELSE
Hvis alle mennesker slapp tankene fri, og kjempet for sine ideer, ville verden ganske snart bli Utslettet.

Nov. 2019

DEFINISJON I
Definisjonen av en Definisjon kan absolutt Defineres. På et passende tidspunkt vil jeg prøve å finne en Definisjon.

Nov. 2019

USYMPATISK-SYMPATISK II
Mange gode egenskaper undertrykkes hos den Usympatiske - mens de gode egenskaper fremheves hos den Sympatiske.

Nov. 2019

NORMALITY
Who decides what is normal? Seen with some-one's eyes, we are all normal, whether violent or crooks.

Nov. 2019

CLIMATE MEASUREMENTS
Hundreds of years of Climate change Meas-urements are like seconds in world history. Of course, we so-called intelligent individuals must do what we can to not adversely affect develop-ment. The planet we live on has existed for some billion years, and it will constantly be changing.

Nov. 2019

UNDERSTANDING II
A well-known expression is that the most dan-gerous are those who themselves do not Under-stand that they do not Understand. However, it does not mean that you are harmless even if you admit that you don't Understand.

Nov. 2019

NORMALITET

Hvem bestemmer hva som er normalt? Sett med noens øyne er vi alle normale, uansett om vi er voldelige eller kjeltringer.

Nov. 2019

KLIMATISKE MÅLINGER

Hundre års Målinger av Klimatiske forandringer er som sekunder i verdenshistorien. Selvfølgelig må vi såkalte intelligente individer, allikevel gjøre det vi kan for ikke å påvirke utviklingen negativt. Kloden vi bor på har eksistert i noen billioner år, og den vil kontinuerlig være i forandring.

Nov. 2019

FORSTÅELSE II

Et kjent uttrykk er at de farligste er de som selv ikke Forstår at de ikke Forstår. Det betyr imidlertid ikke at man er ufarlig, selv om man innrømmer at man ikke Forstår.

Nov. 2019

EXAGGERATION I

Even the weakest can claim to move heaven and earth for one thing or another.

Nov. 2019

EXAGGERATION II

It is amazing what powers they must have, who claim that they can move heaven and earth.

Nov. 2019

LAW AND ORDER

Law and Order creates security but limits the ability to unfold.

Nov 2019

OVERDRIVELSE I

Selv de svakeste kan hevde at de setter himmel og jord i bevegelse for ett eller annet.

Nov. 2019

OVERDRIVELSE II

Det er utrolig hvilke krefter de må ha, som hevder at de kan sette himmel og jord i bevegelse.

Nov. 2019

LOV OG ORDEN

Lov og Orden skaper trygghet, men begrenser utfoldelseevnen.

Nov. 2019

EGOISM AND EVIL

A touch of Egoism is just healthy, but it is when it is mixed with Evil that things go wrong.

Nov. 2019

NATURE AND ENEMIES

Nature has no other Enemies than us.

Nov. 2019

THE WORLD'S BEST

How often does one not hear the phrase: "The World's Best"? Even if only a fraction was correct, there would be an incredible number of people sharing the first place.

Nov. 2019

EGOISME OG ONDSKAP

Et snev av Egoisme er bare sunt, men det er når den blandes med Ondskap at det går galt.

Nov. 2019

NATUR OG FIENDER

Naturen har ingen andre Fiender enn oss.

Nov. 2019

VERDENS BESTE

Hvor ofte hører man ikke uttrykket:" Verdens Beste"? Selv om bare en brøkdel var riktig, ville det være utrolig mange som delte førsteplassen.

Nov. 2019

PARDON

How is it that it can be so difficult for someone to use this important word? Is it stuck in the throats of those in question?

Nov. 2019

DECORATION AND ART

Decoration does not need to be understood to be liked but when it comes to Art it looks different. Who decides what is Art?

Nov. 2019

BEGINNING OR END

I have a comment on the phrase: "Is it the Beginning of the End or the End of the Beginning". It can never be the Beginning of the End. Nature will continue, but not necessarily with us humans.

Des. 2019

UNNSKYLD

Tenk at det kan være så vanskelig for noen å benytte dette viktige ordet. Sitter det fast i halsen på de det gjelder?

Nov. 2019

DEKORASJON OG KUNST

Dekorasjon trenger man ikke å forstås seg på for å like, men når det gjelder Kunst stiller det seg annerledes. Hvem bestemmer hva som er Kunst?

Nov. 2019

BEGYNNELSE ELLER SLUTT

Jeg har en kommentar til uttrykket:" Er det Begynnelsen på Slutten eller Slutten på begynnelsen". Det kan aldri bli Begynnelsen på Slutten. Naturen vil fortsette, men nødvendigvis ikke med oss mennesker.

Des. 2019

ABOUT CALLING A SPADE A SPADE

Watch out for discrimination. What about trying this description: "The Spade is a valuable tool which is used, among other things, to improve the living conditions of soil cultivation".

Des. 2019

ART

Art can for you be everything your senses experience and that trigger your feelings, or what you feel others represent when it comes to creativity.

Des. 2019

BRAGGING

No one fighting me will be the winner. Physically maybe, but mentally they will have a problem.

Dec. 2019

OM Å KALLE EN SPADE EN SPADE

Se opp for diskriminering. Hva med å prøve denne beskrivelsen: "Spaden er et verdifullt redskap som man blant annet bruker til å forbedre jordveksters levevilkår".

Des. 2019

KUNST

Kunst kan for deg være alt dine sanser opplever og som trigger dine indre følelser, eller det du opplever at andre representerer når det gjelder kreativitet.

Des. 2019

SKRYT

Ingen som kjemper mot meg blir vinneren. Fysisk kanskje, men mentalt vil de ha et problem.

Des. 2019

ACKNOWLEDGEMENT

Fortunately, not everyone feels the need to express their feelings, the ones one knows will be perceived as discriminatory. It is clearly a social prohibition to call a spade a spade and that must be respected.

Des. 2019

PARTNERSHIP

It requires a lot of compromise and tolerance to keeping a partnership going when one have significantly divergent political views."Birds of a feather flock together".

Des. 2019

DISPLACEMENT AND MEMORY

Personally, I have difficulty with the Displacement. Perhaps it is nevertheless a good sign that one remembers and accepts that the Memory normally weakens as time goes by.

Oct. 2018

ERKJENNELSE

Heldigvis føler ikke alle at det er nødvendig å gi uttrykk for sine indre følelser, de som man vet vil bli oppfattet som diskriminerende. Det er et klart samfunnsmessig forbud mot å kalle en spade en spade og det må respekteres.

Des. 2019

LIKE BARN LEKER BEST

Det skal mye kompromiss og stor toleranse til for å holde et partnerskap gående når man har vesentlig avvikende politisk syn. "Like Barn Leker Best".

Des. 2019

FORTRENGNING OG HUKOMMELSE

Personlig har jeg vanskeligheter med Fortrengningen. Kanskje det allikevel er et godt tegn at man husker, og aksepterer, at Hukommelsen normal svekkes i takt med at tiden går.

Okt. 2018.

EXCUSES

There are far between Excuses for most of us. What's the reason for this word being so difficult to express?

A single Excuse can build the strongest bridge.

Des. 2019

SELFISH I

Many of us should probably take a closer look at that challenge!

Des. 2019

REGARDLESS

No matter how democratically one organizes society, there will always be an "elite" who governs. Should the "elite" be the ones who understand and respect the responsibility they have, or those who only argue that they will take care of and protect all the citizens of society.

Des. 2019

UNNSKYLDNINGER

Unnskyldninger sitter langt inne hos de fleste av oss. Hva kan det komme av at dette enkle ordet skal være så vanskelig å uttrykke? En enkelt Unnskyldning kan bygge den sterkeste bro.

Des. 2019

SELVOPPTATT I

Mange av oss bør nok ta en nærmere titt på den utfordringen!

Des. 2019

UANSETT

Uansett hvor demokratisk man organiserer samfunnet, vil det alltid være en "elite" som styrer. Bør den "eliten" være de som forstår seg på og respekterer ansvaret de har, eller de som bare hevder at de skal ta vare på og beskytte alle samfunnets borgere.

Des. 2019

THANKS
Thank you dear God for constantly giving me reason to believe that the good lives in me.

Des. 2019

TRUTH II
It's said that:"of children and drunk people, one hears the Truth". Somewhat limited perhaps, but in these times of discrimination, there is a long way between the Truths.

Des. 2019

SHOOTING STARS
Shooting Stars are Stars that burn up and disappear. Maybe they have lived for billions of years. As we grow old and perhaps feel we have lived a rich life, we hope to leave something the next generation will be proud of. Let's be humble to nature.

Jan. 2020

TAKK
Takk kjære Gud for at du stadig gir meg grunn til å tro at det gode bor i meg.

Des. 2019

SANNHET II
Det heter at:"av barn og fulle folk får man høre Sannheten".
Noe begrenset kanskje, men i disse diskriminasjons-tider er det langt mellom Sannhetene.

Jan. 2020

STJERNESKUDD
Stjerneskudd er Stjerner som brenner opp og forsvinner. Kanskje har de levet i milliarder av år. Når vi blir gamle og kanskje mener vi har levd et rikt liv, håper vi å etterlate oss noe neste generasjon vil bli stolte av. La oss være ydmyke overfor naturen.

Jan. 2020

CHANGING TIMES

There are things which in the past seemed disgusting, which today are acceptable, and things today we think are disgusting which one day will be fully acceptable.

Jan. 2020

FROM OUR PREREQUISITES

If everyone is right based on their Prerequisites, something most people have to agree on, it is no wonder that different feedback is given to questions about one's thoughts and meanings.

Jan. 2020

HEART II

The honest Heart does everything to reach the good core, while the volatile Heart in the subconscious fights the opposite way but is slowed by its underlying white neutrality. Fortunately, the honest Hearts are overweight.

Des. 2019

TIDER ENDRER SEG

Det er ting som før i tiden virket avskyelig, som i dag er akseptable, og ting som vi i dag synes er avskyelige men som en dag i fremtiden vil bli fullt akseptable.

Jan. 2020

FRA VÅRE FORUTSETNINGER

Hvis alle har rett ut fra sine Forutsetninger, noe de fleste må være enige i, er det ikke rart at det gis forskjellig tilbakemelding på spørsmål om ens tanker og meninger.

Jan. 2020.

HJERTET II

Det ærlige Hjertet gjør alt for å nå den gode kjernen, mens det flyktige Hjertet i underbevisstheten kjemper motsatt vei, men bremses av sin underliggende hvite nøytralitet. Heldigvis er de ærlige Hjertene i overvekt.

Des. 2019

DECORATION OR VALUE

When it comes to visual art, not as a financial investment but as a Decoration, the profit lies in the daily pleasure of experiencing the image. Forget the prestige, it is not negative to enjoy yourself.

Jan. 2020

TIME GOES FASTER

It is a fact that it feels like Time Goes Faster as you get older. That is why it is important to make the days meaningful and not delay until tomorrow what you can do today.

Jan. 2020

FANTASY I

I see Imagination as being tied to and playing an important part in: Inspiration, curiosity, interest, positive attitude; overcoming challenges.

March 2013

DEKORASJON ELLER VERDI

Når det gjelder billedlig kunst, ikke som økonomisk investering men som Dekorasjon, ligger profitten i den daglige glede av å oppleve bildet. Glem prestisjen, det er ikke negativt å glede seg selv.

Jan. 2020

TIDEN GÅR FORTERE

Det er et faktum at det føles som om Tiden Går Fortere når man blir eldre. Derfor er det viktig å lage dagene meningsfylte og ikke utsette til i morgen det man kan gjøre i dag.

Jan. 2020

FANTASI I

Jeg ser Fantasien som knyttet opp mot, og som en vesentlig del av både: Inspirasjon, nysgjerrighet, interesse og åpen innstilling; det og overvinne utfordringer.

Mars 2013

Indifferent
Likegyldig

Laura Hamborg

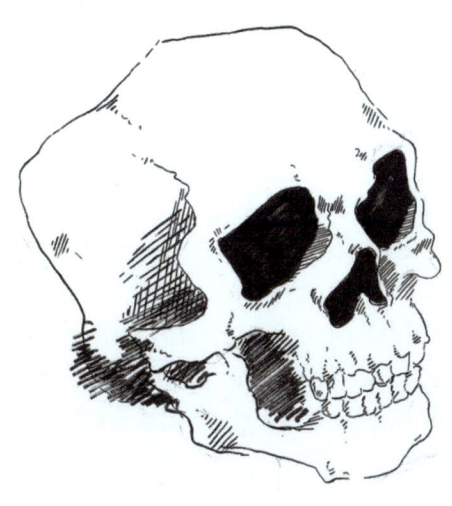

Lack of Discipline
Mangel på disiplin

Laura Hamborg

CHALLENGES V

For me it's totally clear that no Challenges can be overcome if one doesn't have the will to do so, and to be able to solve them you have to understand them and those involved.

May 2014

HOW IS IT POSSIBLE?

What kind of government has a democratic country, that cannot keep track of its inhabitants? The rules, of course, state that if you go outside the law, you are punished. How can things then happen as they do in Spain these days?

(With reference to the 2017 Catalan independence referendum)

Oct. 2019

INCOMPETENCE

England and Spain should hold a final on who possesses the greatest political Incompetence.

Oct. 2019

UTFORDRINGER V
For meg står det helt klart at ingen Utfordringer kan løses uten at man har vilje til å løse dem, og skal man kunne løse dem må man forstå dem og de som er involvert.

Mai 2016

HVORDAN ER DET MULIG?
Hva slags styre har et demokratisk land, som ikke kan holde orden på sine innbyggere? Reglene tilsier selvsagt at går man utenfor loven, straffes mann. Hvordan kan da det skje som skjer i Spania i disse dager?

(Med referanse til den 2017 Katalanske folkeavstemning om selvstendighet)

Okt. 2019

INKOMPETANSE
England og Spania bør avholde en finale om hvem som har den største politiske Inkompetanse.

Okt. 2019

BUREAUCRATS AND PAPER MOVING

Wikipedia describes the Bureaucracy as a hierarchical organization of decision-making authority where individual cases are dealt with by workers with carefully delineated decision-making after one common set of rules. Can one by that draw the conclusion that the Bureaucrats are hired for not thinking, and that they are just Paper Movers?

Oct. 2019

LOSER

Expressions of Democratic opinions should, after my opinion, always be respected, but remember, there are basically only Losers or fanatics who walks in front of political demonstrations about power in society.

Oct. 2019

INVOLVEMENT

Never get seriously Involved in persons which do not share your political attitudes. It may end in disaster.

Oct. 2019

BYRÅKRATER OG PAPIRFLYTTING
Wikipedia beskriver Byråkratiet som en hierarkisk organisasjon av beslutningsmyndighet, der enkeltsaker behandles av saksbehandlere med nøye avgrenset beslutnings-mulighet etter et felles sett regler. Kan man av det trekke den slutning at Byråkratene er ansatt for ikke å tenke, og at de kun er Papirflyttere?

Okt. 2019

TAPERE
Uttrykk for Demokratiske meninger skal, etter min mening, alltid respekteres, men husk, det er stort sett bare Tapere eller fanatikere som går i første rekke i politiske demonstrasjoner om makt i samfunnet.

Okt. 2019

INVOLVERING
Ikke Involver deg alvorlig i personer som ikke deler dine politiske holdninger. Det kan ende i katastrofe.

Okt. 2019

POLITICAL DEMONSTRATION

I believe, that by removing the first 25 meters of a Violent Political Demonstration, one can, from the reaction of the remaining, get a solid basis to judge its real intentions.

Oct. 2019

INDIFFERENT

To be Indifferent is like being reset, the battery must be changed to make the machinery work again.

Oct. 2019

SLOPPINESS

Even the best technician is of little value if he is Sloppy with the details.

Oct. 2019

POLITISK DEMONSTRASJON

Jeg tror at hvis man fjerner de første 25 meterne i en Voldelig Politisk Demonstrasjon, kan man, fra reaksjonene til de gjenværende, få et solid grunnlag å vurdere dens reelle hensikter på.

Okt. 2019

LIKEGLAD

Å være Likeglad er som å være nullstilt, batteriet må skiftes for å få maskineriet til å arbeide igjen.

Okt. 2019

SLURV

Selv den beste tekniker er lite verdt hvis det Slurves med detaljene.

Okt. 2019

ALL HAVE ENEMIES
Not only living beings have Enemies. As just one example: The worst enemy of electricity is the water.

Oct. 2019

EVIDENT
When expenses run faster than revenue, you have to slow down.

Oct. 2019

FAULT
What would the world look like if we had no one to Blame?

Oct. 2019

ALLE HAR FIENDER

Ikke bare levende vesener har Fiender. Som bare ett eksempel: Elektrisitetens verste Fiende er vannet.

Okt. 2019

INNLYSENDE II

Når utgiftene løper fortere enn inntektene, må man senke farten.

Okt. 2019

SKYLD

Hvordan ville verden sett ut hvis vi ikke hadde noen å Skylde på?

Okt. 2019

SHADE

Both humans, animals and most of nature cast Shadow when blocking the sun. Unfortunately, in addition some people have a special ability to cast Shadows over existence, even without the help of the sun.

Oct. 2019

TRAGEDIES

Note that most of the Tragedies we are presented with in the news media disappear after a short time. This does not mean that they don't leave personal trials to those involved.

Oct. 2019

FEARLESS

He who does not feel Fear lacks an essential and important characteristic.

Nov. 2019

SKYGGE

Både mennesker, dyr og det meste i naturen kaster Skygge når de sperrer for solen. Dessverre har enkelte mennesker i tillegg en spesiell evne til å kaste Skygge over tilværelsen, også uten hjelp fra solen.

Okt. 2019

TRAGEDIER

Legg merke til at de fleste Tragedier vi presenteres for i nyhetsmediene, forsvinner etter kort tid. Det betyr ikke at de ikke etterlater seg personlige prøvelser for de involverte.

Okt. 2019

FRYKTLØS

Den som ikke føler Frykt, mangler en vesentlig og viktig egenskap.

Nov. 2019

WHAT DO WE BELIEVE?

We all tend to Believe that we perceive better what we see than what we hear. What you see is direct, while what you hear must be digested first. As we have just as much fake news on the screen as what we hear, we must be critical at any time.

Oct. 2019

STATEMENT AND APPRECIATION

The philosopher Descartes made the Statement: "I think, so I am", and received Appreciation for it.

Oct. 2019

DEPENDENCE II

Is it not, in some way, a sense of security in the fact that we Depend on each other?

Oct. 2019

HVA TROR VI?

Vi har alle en tendens til å Tro at vi oppfatter bedre det vi ser enn det vi hører. Det du ser er direkte, mens det du hører først skal fordøyes. Siden vi har like mye falske nyheter på skjermen som det vi hører, må vi være kritiske til enhver tid.

Okt. 2019

UTSAGN OG ANERKJENNELSE

Filosofen Descartes kom med Utsagnet: "Jeg tenker, altså er jeg", og fikk Anerkjennelse for det.

Okt. 2019

AVHENGIGHET II

Er det ikke, på en eller annen måte, en følelse av sikkerhet i det faktum at vi alle er Avhengige av hverandre?

Okt. 2019

TO HELP OTHERS
Of course it is right to Help Others, but often the most important thing doing that is that you Help yourself.

Nov. 2019

IS IT NOT STRANGE?
In transparent democratic elections, the winning party represents the politic to be followed. Strangely, the same people who voted for the winner rarely get satisfied with their policy implementation.

Nov. 2019

EXPECTATIONS
One thing is to Expect something to happen, and quite another is to set Expectations for oneself. When it comes to the latter, only yourself is responsible for the result.

Oct. 2019

Å HJELPE ANDRE

Selvfølgelig er det riktig å Hjelpe Andre, men ofte er det viktigste ved det at du derved Hjelper deg selv.

Nov. 2019

ER DET IKKE MERKELIG?

I gjennomsiktige demokratiske valg representerer det vinnende parti politikken som skal følges. Merkelig at de samme mennesker som stemte på vinneren sjelden blir fornøyd med deres politikks gjennomføring.

Nov. 2019

FORVENTNINGER

En ting er å Forvente at noe skal skje, noe helt annet er å stille Forventninger til seg selv. Når det gjelder det siste er det kun deg som er ansvarlig for resultatet.

Okt. 2019

SELFISH II

In some form or other, we are all Selfish. The modest form is necessary for the self-preservation, while the indiscreet is not sympathetic.

Nov. 2019

OTHERS BEHAVIOUR

If one always complains about Others Behaviour, one easily loses control over one's own.

Nov. 2019

POWER OF EXAMPLE

A New Political Party should be called the Power of Example. The only way to respect democracy is that its leaders represent the Power of Example. Everyone not understanding that should stick to other forms of political governance.

May. 2019

SELVOPPTATT II

I en eller annen form er vi alle Selvopptatt. Den beskjedne form er nødvendig for selvoppholdelsesdriften, mens den ubeskjedne er lite sympatisk.

Nov. 2019

ANDRES VÆREMÅTE

Hvis man alltid klager på Andres Væremåte, mister man lett styringsevnen over sin egen.

Nov. 2019

EKSEMPELETS MAKT II

Et nytt politisk parti bør hete Eksempelets Makt. Den eneste vei til respekt for demokratiet, er at dets ledere representerer Eksempelets Makt. Alle uten forståelse for det bør holde seg til andre politiske styringsformer.

Mai. 2019

KINGDOM

With today's position of the Royal, who are in reality diplomats with high status, it is amazing to see that in demonstrations against the Royal House in Spain in 2019, images of King Felipe the VI are burned without any consequences.

Nov. 2019

PENSIONERS AND SOCIAL SECURITY

Future Pensioners and people on Social Security can only hope that today's governing politicians give those who create momentum living conditions that stimulate efforts, so that the result of their creativity through taxation provides the financial basis to keep everyone in society going.

Nov. 2019

HIDDEN AGENDA

In addition to devouring the conscience, working with a Hidden Agenda will sooner or later inflict punishment

March 2019

KONGEDØMME

Med dagens posisjon av de Kongelige, som i realiteten er diplomater med høystatus, er det utrolig å se at man i demonstrasjoner mot Kongehuset i Spania i 2019, brenner bilder av Kong Felipe den VI uten at det får følger.

Nov. 2019

PENSJONISTER OG TRYGDEDE

Fremtidens Pensjonister og Trygdede kan kun håpe at nåtidens styrende politikere, gir de som skaper fremdrift levevilkår som stimulerer til innsats, slik at resultatet av deres kreativitet gjennom beskatning gir det økonomiske grunnlag til å holde alle i samfunnet gående.

Nov. 2019

SKJULT AGENDA

Foruten å tære på samvittigheten, vil det å arbeide med Skjult Agenda før eller senere straffe seg.

Mars 2019

PROPORTIONS II

The word is perceived from our different standpoints. One annual salary can be the survival of a small business, while a hundred can be what is needed in a large one.

Nov. 2019

YOUR PREREQUISITES

From Your Prerequisites, you are right and have my full sympathy - but with my Prerequisites, your foundation has a downside.

Nov. 2019

ABOUT CARING

Those who generally don't Care about the opinions of others will someday, if they live that long, perceive what they have missed.

Nov. 2019

PROPORSJONER II
Ordet oppfattes ut fra våre forskjellige ståsteder. En årslønn spart kan være overlevelsen for et lite foretak, mens hundre kan være det som skal til i en storbedrift.

Nov. 2019

DINE FORUTSETNINGER
Sett fra Dine Forutsetninger har du rett og min fulle sympati - men sett med mine Forutsetninger har ditt grunnlag slagside.

Nov. 2019

OM Å GI BLAFFEN
De som stort sett Gir Blaffen i andres meninger vil, en dag hvis de lever så lenge, oppfatte hva de har gått glipp av.

Nov. 2019

ENTHUSIASM I
No selling point is better than Enthusiasm.

ENGAGEMENT
Don't let yourself be Engaged if you are not prepared for the fulfilment of the obligations that follow.

May 2019

SELF-IRONY AND SOLEMNITY
Self-irony may shield personal Solemn tendencies.

Nov. 2019

BEGEISTRING I

Intet salgsargument er bedre enn Begeistring.

ENGASJEMENT

Ikke la deg Engasjere hvis du ikke er forberedt på gjennomføring av forpliktelsene som følger.

Mai 2019

SELVIRONI OG HØYTIDELIGHET

Selvironi kan skjermer personlige Høytidelige tendenser.

Nov. 2019

Nature and Enemies
Natur og fiender

Laura Hamborg

Quality
Kvalitet

Laura Hamborg

SITUATIONAL IMAGES

That you form Situational Images does not mean that they can be transferred to a canvas and hung on the wall.

Nov. 2019

DEFINITION II

Defining a quarrelsome person is a waste of time. Everyone except the quarrelsome understands what is meant.

Nov. 2019

DESIRE

The least I want to say to someone is that it's too late.

Nov. 2019

SITUASJONSBILDER

At man danner seg Situasjonsbilder betyr ikke at de kan overføres til et lerret og henges på veggen.

Nov. 2019

DEFINISJON II

Å Definere en kranglefant er bortkastet tid. Alle unntagen kranglefanten forstår hva som menes.

Nov. 2019

ØNSKE

Det jeg minst Ønsker å si til noen er at det er for sent.

Nov. 2019

FIGURATIVELY
Limits create security, but reduces freedom.

Nov. 2019

EXPERIENCE II
Not all Experiences are of the good, but they are part of our lives and thus help shape our personality.

Dec. 2019

EGOIST
The greatest Egoist helps others to satisfy himself.

Des. 2019

BILLEDLIG

Grenser skaper trygghet, men begrenser friheten.

Nov. 2019

ERFARING II

Ikke alle Erfaringer er av de gode, men de er en del av vårt liv og er derved med på å forme vår personlighet.

Des. 2019

EGOISTEN II

Den største Egoisten hjelper andre for å tilfredsstille seg selv.

Des. 2019

SILENCE

Silence can be both joy and sorrow. No matter which one you experience, you will never forget it.

Des. 2019

CHALLENGES III

Without Challenges, there will be no progress.

Jan. 2020

FANTASY II

In the Fantasy world, anything is possible. The starting point may look simple but offers endless opportunities to let your imagination flourish.

Nov. 2019

STILLHET

Stillhet kan være både til glede og sorg. Uansett hvilken av dem du opplever glemmer du den aldri.

Des. 2019

UTFORDRINGER III

Uten Utfordringer blir det ingen fremdrift.

Jan. 2020

FANTASI II

I Fantasiens verden er alt mulig. Utgangspunktet kan se enkelt ut, men gir uendelige muligheter til å la Fantasien blomstre.

Nov. 2019

PICTURE AS DECORATION

You don't have to understand a Picture if you just like to look at it.

Jan. 2020

STRATEGY

Most of us have thoughts and meanings but don't act, while effective people do that quietly.

Nov. 2019'

CHALLENGES IV

It's not just you who face life Challenges, everyone does. It's the way we deal with them that differs.

Oct. 2019

BILDET SOM DEKORASJON
Man behøver ikke forstå et Bilde, hvis man bare liker å se på det.

Jan. 2020

STRATEGI
De fleste av oss har tanker og meninger men handler ikke, mens effektive mennesker gjør det i stillhet.

Nov. 2019

UTFORDRINGER IV
Det er ikke bare deg som møter Utfordringer gjennom livet, det gjør alle. Det er måten vi takler dem på som er forskjellig.

Okt. 2019

IMPROVEMENT
Everything can be Improved. No record lasts forever.

Nov. 2019

THE FUTURE AND WORKPLACES
In the Future, it will not be a matter of finding Work for everyone. The challenge will be that everyone must be given a meaningful existence.

Nov. 2019

FINANCIAL DEPENDENCE
Financial Dependence between countries is a major factor in avoiding serious conflicts.

Nov. 2019

FORBEDRING
Alt kan Forbedres. Ingen rekord varer evig.

Nov. 2019

FREMTIDEN OG ARBEIDSPLASSER
I Fremtiden blir det ikke et spørsmål om å finne Arbeid til alle. Utfordringen blir at alle må skaffes en meningsfylt tilværelse.

Nov. 2019

ØKONOMISK AVHENGIGHET
Økonomisk Avhengighet land imellom, er en vesentlig faktor for å unngå alvorlige konflikter.

Nov. 2019

EVIL
In the kingdom of Evil, good must give way.

Nov 2019

ONDSKAP
I Ondskapens rike må det gode vike.

Nov. 2019

FSC
www.fsc.org

MIX

Papir fra
ansvarlige kilder
Paper from
responsible sources

FSC® C105338